JN318046

MENKO

めんこ

監修
日本めんこ倶楽部
文
鷹家 碧

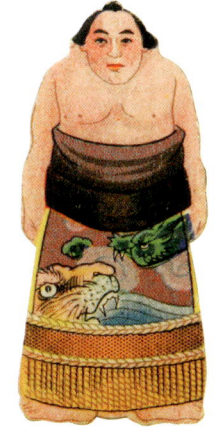

はじめに

　今日では、一般にめんこといえばボール紙でできた紙めんこのことを指しますが、じつは、この紙めんこは三代目にあたるもので、それ以前に泥めんこ、鉛めんこという二つの先代めんこが存在しています（一部地域で、板めんこがありました）。元祖である泥めんこは、江戸中期から明治前期まで約150年以上もの長きにわたって男の子の代表的なおもちゃとして遊ばれていたものです。鉛めんこは、明治中期に大流行しましたが、その玩具生命は20年と短いものでした。紙めんこが登場したのは、日清戦争が起こった明治27年頃ではないかと思われますが、その背景にはボール紙の生産が軌道に乗り始めたことがあります。

　大正、昭和と長きにわたり、男の子の遊びの御三家（ビー玉、ベーゴマ、めんこ）だっためんこも、昭和50年代に入るとテレビゲームに追いやられるように急速に衰退して行きました。現在ではほとんど見ることができません。昭和30年代には約300社ほどあった製造業者が今では2〜3社を数えるのみとなり、めんこ遊びは次第に忘れられようとしています。

　この本は、紙めんことその遊び方を中心に、泥めんこや鉛めんこも併せて、写真やイラストで紹介したものです。

目次

- はじめに ……………………………… 2
- 泥(どろ)めんこ ……………………… 4
  - ◇お面型(がた)の泥(どろ)めんこ …… 5
- 鉛(なまり)めんこ …………………… 6
- 紙めんこ
  - ◇武将(ぶしょう)めんこ …………… 8
  - ◇軍人(ぐんじん)めんこ ………… 10
  - ◇力士(りきし)めんこ …………… 11
  - ◇いろいろな絵柄(えがら)のめんこ … 12
  - ◇めんこの形 ……………………… 14
  - ◇ろうめんこ ……………………… 16
  - ◇変形(へんけい)めんこ ………… 16
  - ◇飛(と)ばしめんこ ……………… 17
- めんこを作ろう
  - ◇紙めんこの作り方 ……………… 18
  - ◇泥(どろ)めんこの作り方 ……… 19
- めんこで遊ぼう
  - ◇紙めんこの遊び方 ……………… 20
  - ◇ろうめんこの遊び方 …………… 24
  - ◇絵さがし・字さがしにチャレンジ … 25
  - ◇泥(どろ)めんこの遊び方 ……… 26
- めんこの歴史(れきし) …………… 28
- あとがき …………………………… 32

泥めんこ

わたしたちが知っている「めんこ」といえば、ボール紙でできた紙めんこですが、その紙めんこが登場する前に、泥(土・粘土)で作った泥めんこ(江戸時代～明治時代)がありました。

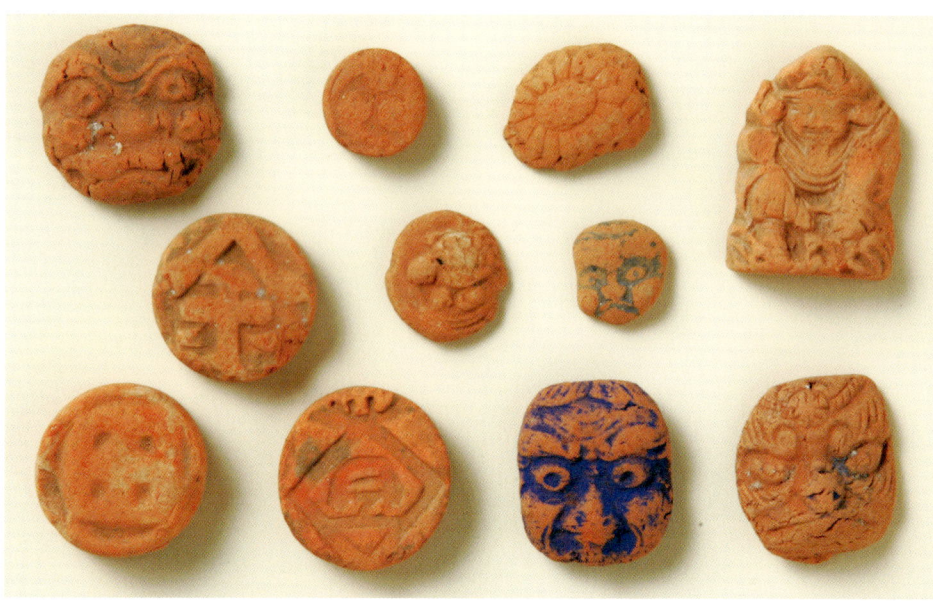

今戸泥めんこ（東京都・江戸中期～明治初め）

泥めんこは、粘土を抜き型で型をとり、かんそうさせてから素焼きにしたもので、登場したのは江戸時代中ごろ(享保年間)です。土蔵の中や地中から見つかったり、全国各地に残されていた抜き型によって、その姿を今に伝えています。
左の写真の泥めんこは、地中から発掘されたものです。

おはじきのもと(左)とビー玉のもと(右)になった泥めんこ
（江戸中期～明治）

泥めんこは、めんこ遊びのもとであるだけでなく、ビー玉やおはじきのもとでもあります。

伏見泥めんこの原型
（江戸中期）

抜き型を作るもとの型。泥めんこの原型が発見されているのは、これまでで京都の伏見だけです。このため、泥めんこ発祥の地は、伏見ではないかと考えられています。

泥めんこを作るための抜き型

写真左は江戸時代のもの、右は昭和時代のものです。

お面型の泥めんこ

めんこ（面子）というよび名は、おにやひょっとこ、てんぐなどのお面（人の顔）を型どることが多かったことに由来しています。

兵庫県・洲本泥めんこ
（昭和20～30年ころ）

京都・伏見泥めんこ
（昭和30年ころ）
江戸時代の抜き型から復活させたもの。

和歌山県・田辺泥めんこ
（昭和40年ころ）

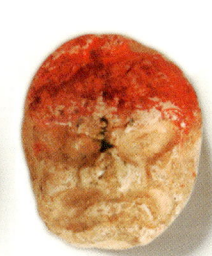

熊本泥めんこ
（明治～大正）

放生会おはじき（平成）
毎年9月に行われる福岡・博多三大祭りのひとつ、筥崎宮放生会で限定販売されるおはじき（泥めんこ）。博多人形師グループの手作りで、祭りの名物になっています。

※めんこはすべて実物大

5

鉛めんこ

鉛めんこは、うすい鉛の板にいろいろな絵模様をほったもので、日本最初の金属製のおもちゃです。明治10年ころに登場して都市部を中心に大流行しましたが、鉛の毒性が問題となり、20年間くらいで姿を消してしまいました。

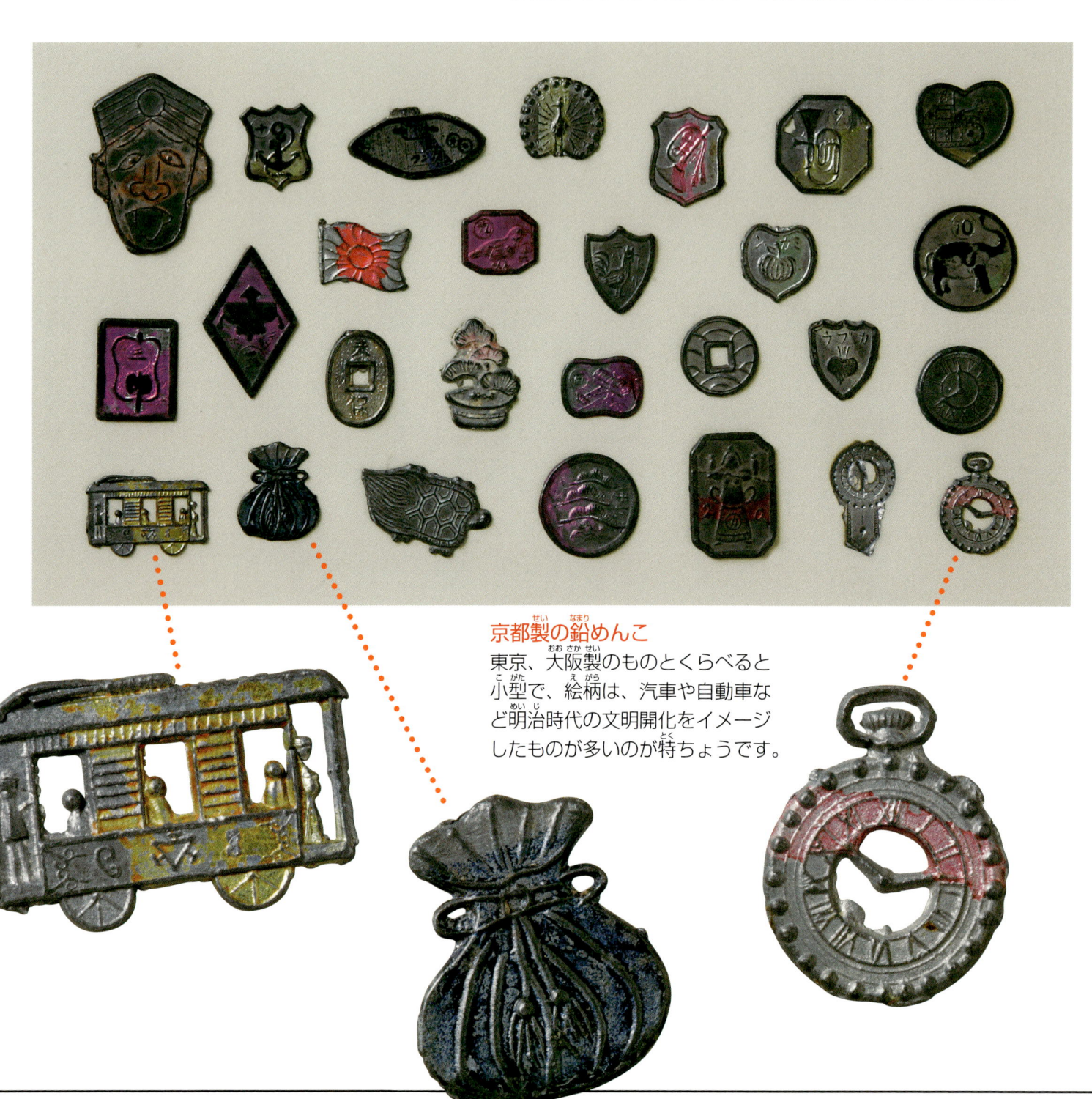

京都製の鉛めんこ
東京、大阪製のものとくらべると小型で、絵柄は、汽車や自動車など明治時代の文明開化をイメージしたものが多いのが特ちょうです。

大阪製の鉛めんこ 武者や七福神などをとりあげ、その姿をそのまま型どっているものが多いのが特ちょうです。

東京製の鉛めんこ まる型や角型など一定の型に、いろいろな絵柄が描かれています。

板めんこ
鉛めんこと同じころ、一部の地方（和歌山県・三重県）で遊ばれていた木製のめんこ。泥めんこと同じように投げて遊んでいました。泥めんこの遊び方は、26ページにのっています。

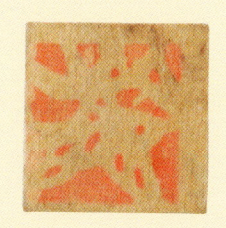

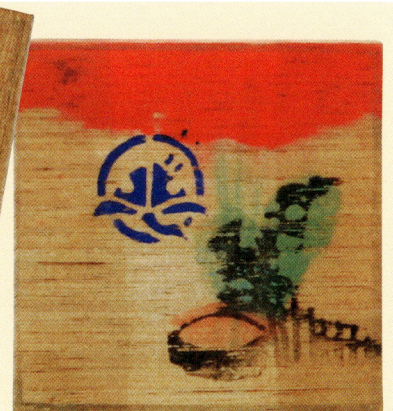

この板めんこは糸巻きを転用したものです。

※めんこは実物大（6ページ下段の3点は拡大）

紙めんこ
武将めんこ

紙めんこが登場したのは、明治27年ころです。めんこの絵柄を代表するものは、武将や軍人、力士などです。そのなかでも武将絵が圧倒的に多いのは、明治20〜30年代に子どもたちの間で大流行した赤本絵本やおもちゃ絵の影響と思われます。

(大正)

(明治)

(明治〜大正)

(明治)

(大正)

(明治)

(明治)

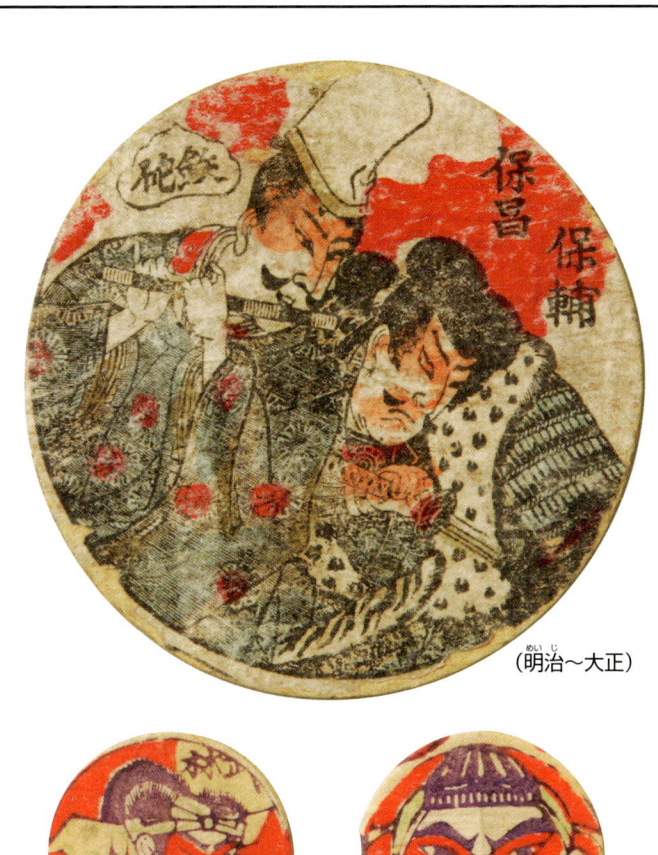

（明治～大正）

（明治）

（大正）

（昭和）

（昭和初期）

（大正～昭和初期）

大石内蔵助

江戸時代の「赤穂浪士」を描いためんこは、いつの時代もとても人気がありました。

（大正）

近松勘六

大石主税

（大正）

（大正）

（大正）

※めんこはすべて実物大

軍人めんこ

日清戦争(明治27年)や日露戦争(明治37年)の影響で、軍人の絵柄も人気を集めました。

角めんこからまるめんこになるころのめんこ
(明治27年ころ)

(明治)

(明治)

(明治)

(明治)

(明治)

(大正)

(明治)

力士めんこ

江戸時代以来、男の子にとっておすもうさんは、あこがれの的。
昭和30年代まで、武将、軍人とともにつねにめんこを代表する絵柄です。

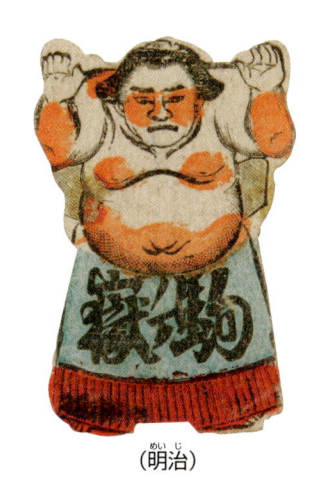

（明治）

（明治～大正）

（明治）

（大正～昭和初期）

（大正～昭和初期）

（大正～昭和初期）

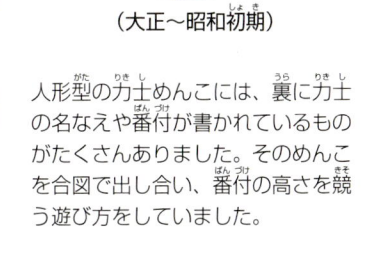

人形型の力士めんこには、裏に力士の名なえや番付が書かれているものがたくさんありました。そのめんこを合図で出し合い、番付の高さを競う遊び方をしていました。

（昭和30～40年代）

（昭和30年代）

※めんこはすべて実物大

いろいろな絵柄のめんこ

紙めんこが登場したころの絵柄の定番は、軍人や武将などでしたが、めんこ遊びが定着するとともに、絵柄も映画スターや野球選手、まんがやテレビのキャラクターなど豊富になりました。

ちびまる子ちゃん（昭和60年〜平成）
（直径178ミリ）
©さくらプロダクション／日本アニメーション

鉄腕アトム
（昭和40年代）

ドラえもん（昭和40年代）
©藤子プロ・小学館・テレビ朝日・シンエイ・ADK

まんがやテレビアニメの主人公

テレビが普及した昭和30年代からは、テレビアニメやまんがの中で活躍するヒーローたちが、めんこの世界にも次々と登場し、めんこの絵柄の主流になりました。初期のころは、上の鉄腕アトムのめんこのように、キャラクターを模倣して作ったものもありました。

アルファベットめんこ
（大正〜昭和初期）

プロ野球選手

王選手（当時読売巨人軍）の写真めんこ。プロ野球は、現代の花形スポーツのひとつ。プロ野球がさかんになるとともに、めんこにもたくさんの名選手が登場しました。

（昭和40年代）

※めんこは実物大（ちびまる子ちゃんのめんこは縮小）

なぞなぞめんこ
裏面が質問で、表面が答えになっています。とりあげる質問は、歴史上の人物だったり、とんちクイズのようなものがあったりとさまざまでした。

（昭和10年代）

三すくみ拳
「三すくみ拳」とよばれる、じゃんけんのような遊び方をとりいれたもの。これら3種類のめんこを体の後ろや手の中にかくし、合図によって出し合い、遊んでいたようです。

庄屋は鉄ぽうに、鉄ぽうはきつねに、きつねは庄屋に勝つ。（明治）

なめくじはへびに、へびはかえるに、かえるはなめくじに勝つ。（昭和20年代）

映画スター
昭和20年代後半から30年代前半は、時代劇映画が大流行。めんこの絵柄にも、人気のある時代劇の映画スターが数多く登場しました。

（昭和30年～40年代）

めんこの形

めんこには大きく分けて、まるめんこと角めんこがあります。

まるめんこ
大きさによって特大判、大判、中判、小判に分けられます。

（明治）
中判

（明治）
大判

（明治）
小判

特大判
このめんこは、明治時代でいちばん大きいめんこです。
（明治）

裏に学校用の時間割の表が印刷されている角めんこ。

(昭和初期)

(大正)

(大正)

角めんこ
長方型、名刺型、四角型などいろいろなサイズがあります。大正時代から昭和初期にかけて大流行しました。

しおりめんこ
大正末期から昭和初期に登場したたて長の長方形のめんこ。打ちつけて遊ぶより、名まえの通り、おもに本にはさむしおりとして使われていたようです。

(昭和初期) 　(大正) 　(大正)

※めんこはすべて実物大

15

ろうめんこ

側面にろうのついた小さなめんこです。親指と人差し指でめんこの側面をはさみ、指に力を入れ、遠くへはじき飛ばして遊びました。

- ● 明治
- ● 大正〜昭和
- ● 昭和初期
- ● 昭和20年代
- ● 昭和30年代
- ● 昭和40年代
- ○ 昭和50年代

変形めんこ

人の形やだるま、花型など、変わった形のめんこもあります。

だるま型

花びら型

（明治）　（明治）　（昭和20〜30年代）　（明治）

※めんこはすべて実物大

飛ばしめんこ

めんこに刻まれた切り込みに輪ゴムを引っかけて、めんこを遠くへ飛ばし、勝ち負けを競いました。

めんこに輪ゴムをかけてひっぱります。その手をはなすと遠くに飛ばせます。

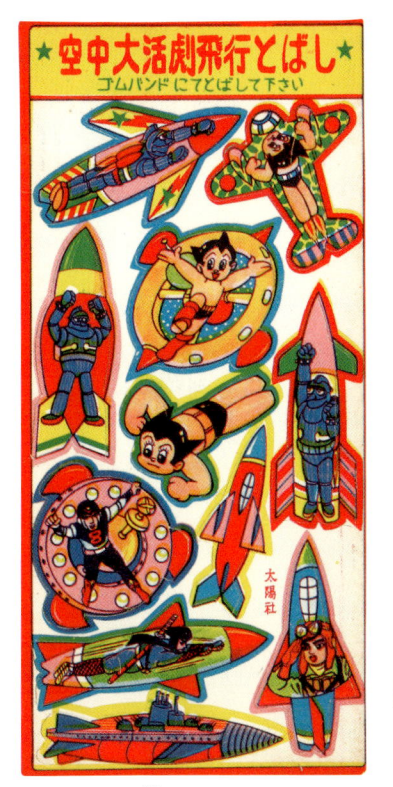

(昭和40年代初め)
(265ミリ×125ミリ)

(昭和40年代)

(昭和30年代)

(昭和50年代)

(昭和30年代)

(昭和20～30年代)

正方型

(明治)

砲弾型

(大正)

人形型

(昭和初期)

(昭和30年代)

17

めんこを作ろう

最近では、泥めんこはもちろんのこと、紙めんこも市販のものを見かけることが少なくなっています。自分でめんこを作ってみましょう。

用意するもの 画用紙　ボール紙　絵や字をかくもの（絵の具や色鉛筆、サインペンなど）　コンパス　定規　のり　はさみ

紙めんこの作り方

❶ 画用紙に円や四角をかき、その中にすきな絵をかきます。

❷ 絵をかいたら、画用紙を裏返し、円や四角のまわりにのりをつけます。

❸ 画用紙とボール紙をはり合わせます。

　ボール紙は、はさみで切りやすいあつさで、画用紙と同じ大きさのものを用意する。

❹ はさみで切ります。

※はさみを使うときは、手を切らないように注意しましょう。

❺ 全部切りとったらできあがりです。

絵柄を考える

めんこにかく絵は、はじめに動物・植物・乗り物などとテーマを決めるとかきやすいでしょう。13ページで紹介したなぞなぞめんこも、自分のアイディアをとり入れて考えてみましょう。広告のチラシなどから自分の気に入った絵を切りとったり、コピーをしたりして、ボール紙にはりつけて作ってもよいでしょう。めんこのわく内いっぱいに、できるだけ大きくかくと、できあがりがきれいです。

泥めんこの作り方

泥めんこは、粘土をかわらや木で作った抜き型で型を抜き、かんそうさせた後、素焼きして作ります。ここでは、ペットボトルのキャップを抜き型に利用した方法を紹介します。かんたんに作れるので、チャレンジしてみてください。

用意するもの
ペットボトルのキャップ　かんそうするとかたくなる粘土（土粘土、石粉粘土、小麦粘土など）　ビニールぶくろ　ゴムスタンプやおはじき、飾りボタンなど

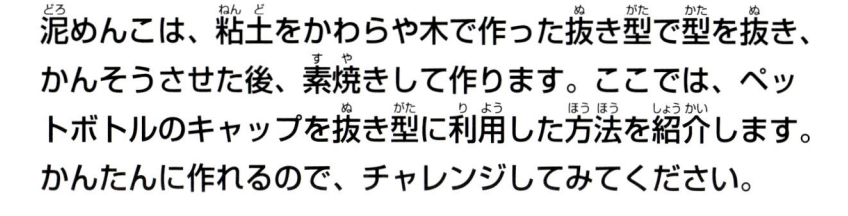

❶ ペットボトルのキャップにビニールぶくろを切ったものをしきます。

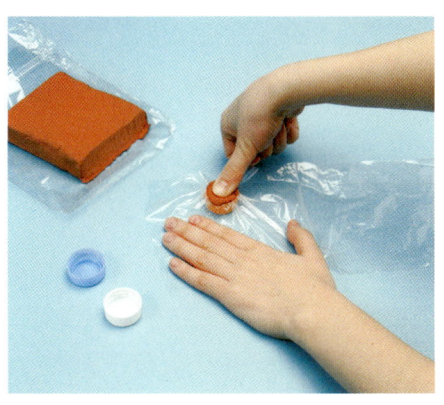

❷ そのキャップの中に粘土をつめます。

❸ キャップから、ビニールごと粘土をはずします。

❹ ビニールをはずし、形を整えます。

❺ スタンプやおはじき、ボタンなどをおしつけて、模様をつけます。

❻ 形を整えて、かんそうさせたらできあがりです。

めんこで遊ぼう
紙めんこの遊び方

自分のめんこを地面に打ちつけて、相手のめんこを裏返したり、めんこの下にもぐりこませたりして遊びます。遊びのルールは、地域によってさまざまです。自分たちでルールを決めて、自由に楽しんでください。

起こし

1. じゃんけんをして順番を決め、2位以下の人は、自分のめんこを地面に置きます。
2. 1位の人が、裏返ししやすいようなめんこをねらって、自分のめんこを打ちつけます。
3. めんこが裏返しになったら、そのめんこが自分のものになります。めんこをとられた人は、かわりのめんこを場に出します。
4. 裏返し(起こし)に成功したら、そのままこうげきを続け、失敗したら、そのめんこは回収して、2位の人と交代します。

起こしは、めんこ遊びの基本になる遊びです。

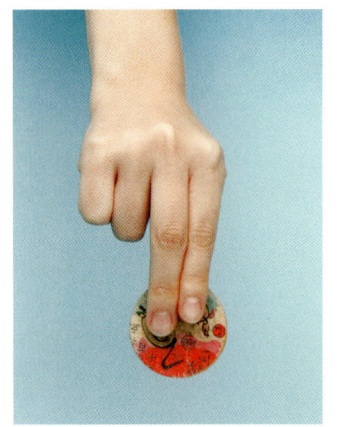

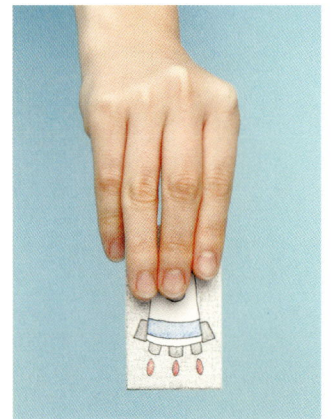

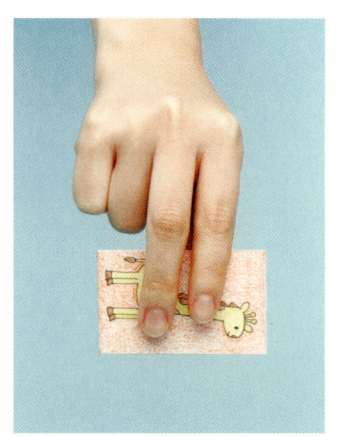

めんこの持ち方 上の写真のように、指2、3本くらいで持つと安定します。

じょうずに打つには‥‥

打ちつけるときに起こる風でめんこが裏返るので、いきおいよく打って風を起こすのがポイントです。めんこを持った手を大きく上げながら背のびして、うでの内側に空気を入れて、強く打ちつけると、風が起きやすくなります。
置いてあるめんこのどこをねらうかも重要です。どこに当たるとよく裏返るか、何回も練習してこつをつかんでください。

ともだちといっしょにめんこ大会。自分たちでルールを作って、楽しく遊ぼう。

出し

1. 地面に直径1メートルくらいの円をかきます。
2. この円の中で『起こし』をします。『起こし』のルールに「円の外に出しためんこは、裏返しにならなくてもとれる」というルールが加わります。
3. 場のめんこと自分のめんこの両方が外に出たときは、この2枚を別にしておき、次に勝った人のものになります。

抜き

1. 決めた枚数ずつめんこを出し合い、きちんと重ねて高く積み上げます。
2. じゃんけんで勝った人から順に、めんこの山の側面をねらって、自分のめんこを水平に打ちこみます。
3. 積んであるめんこから、山をくずさずに1枚を抜き出すことができたら、場のめんこを全部とることができます。

積み

1. 遊びの参加者全員が何枚かずつめんこを出し合い、つぎつぎと打ちこんで、地面に積み上げ、山を作ります。
2. じゃんけんをして勝った人が、自分のめんこを、そのめんこの山に打ちこみます。
3. 1枚でも起こすことができると、その山のめんこを全部とることができます。
4. 失敗したときは、打ちこんだ自分のめんこを回収して、次の人と交代します。

さば

1. 「積み」と同じようにめんこを出し合って、山を作ります。
2. じゃんけんに勝った人から順番に自分のめんこを打ちこみ、山の下にもぐりこませます。
3. もぐっためんこの上にあるめんこ（持ち上げることのできためんこ）はとることができます。

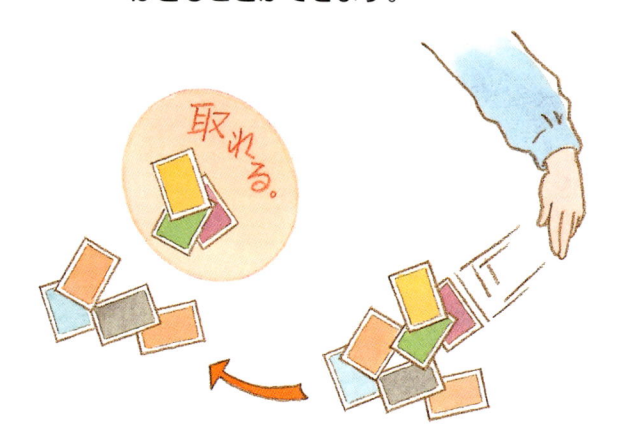

かべあて

1. かべから数メートルはなれたところに踏み切り線をかき、それぞれめんこを1枚手に持って1列に並びます。
2. 合図でいっせいに手に持った自分のめんこをかべにぶつけます。
3. かべにぶつけためんこがはねかえった長さを競います。

◎室内でも遊べます◎

すべり

1. 机やテーブルのはしに、めんこを少しだけはみ出させて置きます。
2. 手のひらで押すか、指ではじいて、めんこをすべらせます。
3. テーブルから落とさずにいちばん遠くまですべらせた人が勝ちです。向こう側に落ちてしまったら失格です。

はじき

1. 相手のめんこの下に自分のめんこを半分くらい入れて指ではじきます。
2. 相手のめんこが裏返って自分のめんこの上にのったら、そのめんこをとることができます。
3. 失敗したら相手と交代します。

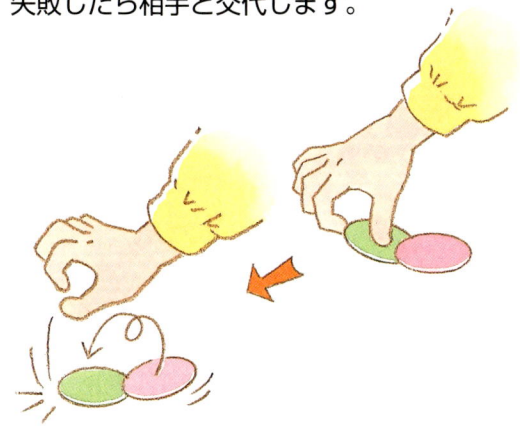

落とし

1. 机やかいだんのはしに、出し合っためんこを重ねて積みます。
2. じゃんけんで勝った人から、この山に手のひらを強くおしつけて、「真空状態」を作るようにしてめんこを手のひらにくっつけて、下に落とします。
3. 落としためんこをとって、次の人と交代します。

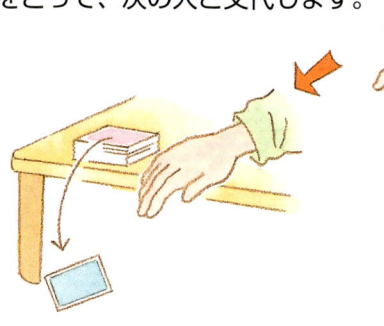

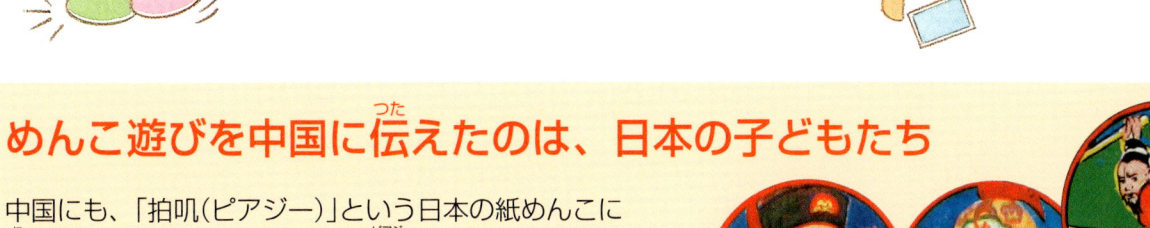

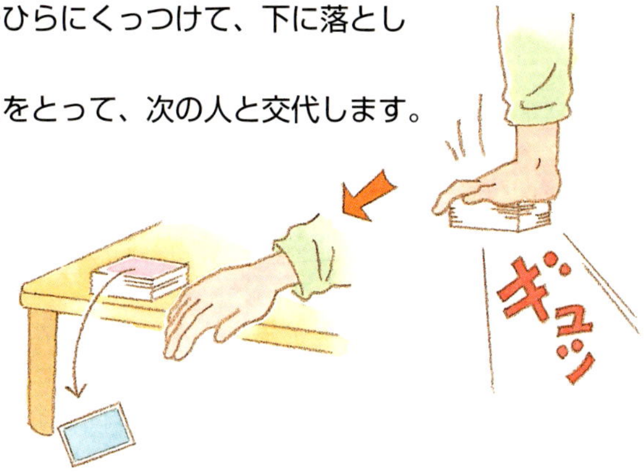

めんこ遊びを中国に伝えたのは、日本の子どもたち

中国にも、「拍叽（ピアジー）」という日本の紙めんこに似たおもちゃがあります。この拍叽は、日本の紙めんこが伝わったものだといわれています。

昭和10年代、大勢の日本人家族が中国北部へ移っていきました。その地で、楽しげにめんこ遊びをする日本の子どもたちの輪に、中国の子どもたちも加わるようになり、やがて中国でもめんこが作られるようになったということです。このめんこが拍叽です。

中国の紙めんこ「拍叽」
華やかな色使いで、日本の紙めんこにはない独特の雰囲気があります。

ろうめんこの遊び方

16ページで紹介したろうめんこの代表的な遊び方です。
牛乳びんや乳酸飲料のふたなどを使って遊ぶこともできます。

飛ばし

1. ろうめんこの側面を親指と人差し指か中指ではさむように持ちます。
2. 両側からろうめんこをつぶすような感じで力を入れると、ろうめんこが円盤のように飛び出します。
3. いちばん遠くまで飛ばすことができた人が勝ちです。

※目標を作って、その目標のいちばん近くまで飛ばした人を勝ちにするルールもあります。

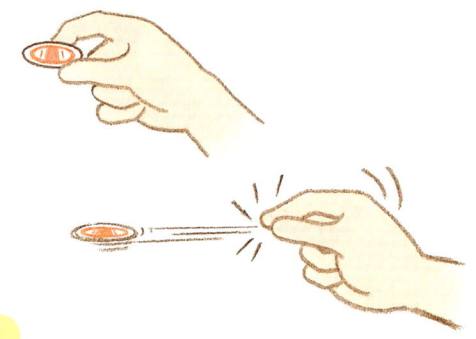

コッチン

1. テーブルの上などに相手のろうめんこを置きます。
2. このろうめんこをねらって、自分のろうめんこをたてに打ちつけます。
3. ろうめんこの側面が、ねらったろうめんこのはしに当たって裏返すことができたら勝ちです。

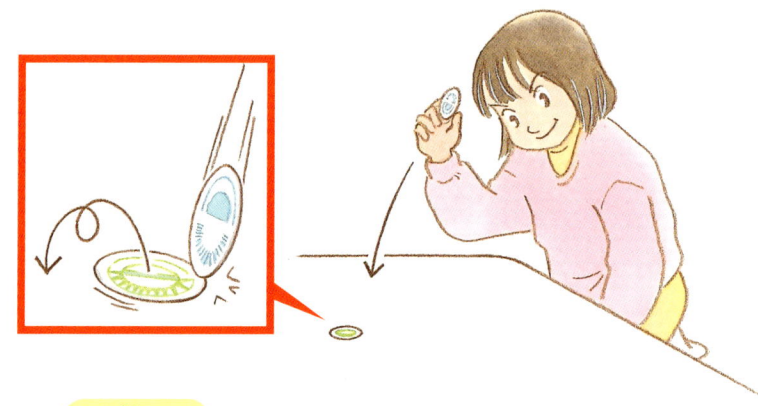

ポッケン

1. テーブルの上などにろうめんこを1枚置きます。
2. そのろうめんこの手前で、手のひらを少しふくらませて手をたたきます。
3. 手をたたいて起きた風で、ろうめんこを裏返すことができたら勝ちです。

ポン

1. テーブルの上など平らなところにろうめんこを1枚置きます。
2. これを上からポンとたたいて、さっと手のひらを返します。
3. すると、「真空状態」になって手のひらにくっついていたろうめんこが、空中に舞いあがります。
4. ろうめんこが裏返って着地すると勝ちです。

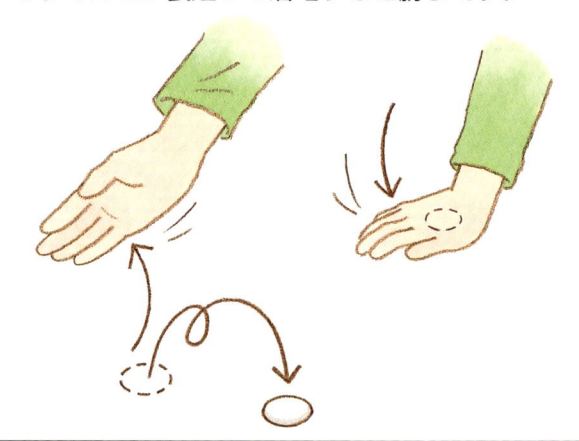

絵さがし・字さがしにチャレンジ

①～③のめんこの中には、ひらがなが、④～⑥のめんこの中には、絵がかくれています。それぞれ、なにがかくれているか見つけてください。

八つのものがかくれています。よく見て、全部見つけてね。

こたえ

① てんぐ
② ひるね
③ くげ（公家）
④ きつね
⑤ リボン
⑥（上から順に）
・横顔（ふたつ）
・ばち（三味線などで使うへら状の道具）
・千鳥
・かま
・めがね
・げた
・まさかり（おの）

※こたえをのぞいて、めんこはすべて実物大。①～⑤は明治～大正のもの。⑥は昭和30年代のもの。

泥めんこの遊び方

泥めんこの遊び方がのっている昔の本を参考に、いろいろな泥めんこの遊び方を紹介します。

絵銭
穴一遊びに使われていました。（実物大）

初期の泥めんこ
絵銭の代わりに使われるようになったころのものです。（実物大）

泥めんこのルーツは、平安時代のころから遊ばれていた「意銭（銭を投げて取りあうゲーム）」です。その後ルールや形式をかえながら江戸時代に入ると「穴一」という庶民の遊びとして流行するようになりました。

和漢三才図会（京都府立総合資料館・著者蔵）
正徳2年（1712年）に出版された日本の百科事典。意銭の遊び方が掲載されています。

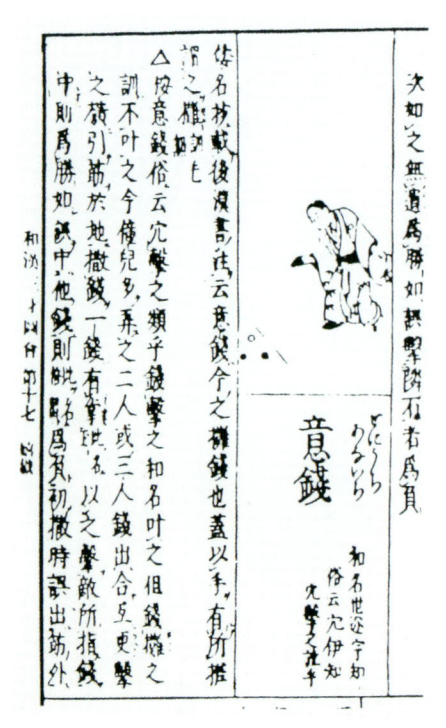

穴一遊びをしている絵柄の紙めんこ

穴一

地面に直径10センチくらいの穴を掘り、その穴をねらって泥めんこを投げて、入ったら勝ち。穴から出てしまったら無効です。

※穴ぽんという穴一に似た遊び方もあります。穴のまわりに円をかき、穴に入れば勝ちで、穴に入らなくても、円の中に入れば、ゲームを続行できます。

よせ

地面にさした小枝を目標にして泥めんこを投げます。小枝にいちばん近いところに投げた者が勝ちで、場のめんこをすべて自分のものにできます。

けし

地面に直径50センチくらいのうず巻きをかき、そのうず巻きの中心をめがけて泥めんこを投げます。中心に近い者が勝ちで、場のめんこをすべて自分のものにできます。

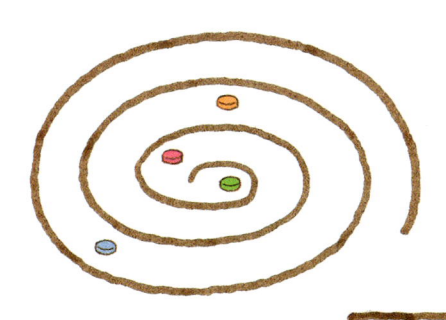

きず

地面に区画図をかきます。じゃんけんなどで順番を決めて、負けた人は、区画図のどこかのますに自分の泥めんこをおきます。

勝った人は、ますの中のめんこをめがけて、自分のめんこを投げます。めんこに当たるか、近くによれば、そのめんこをとることができます。線の上にのったり、ますの外に出てしまうと、逆に相手のものになってしまいます。

ます入れ

地面に三重の正方形をかき、その正方形めがけて泥めんこを投げ入れる遊びです。四角は外側から甲、乙、丙とよび、線にかからずに甲に入ればめんこを1個、乙は2個、丙は3個を相手からもらえます。

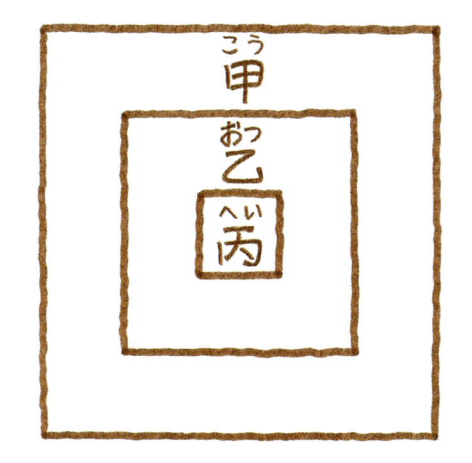

立ちぐわえ

地面に下のような区画図をかき、わくの中心に泥めんこをひとつおきます。

一人がこの図のわくの外に立って、中のめんこをねらって、目の近くからめんこを落とします。

落としためんこが、下のめんこに重なったり、下のめんこがひっくりかえって、落としためんこの上にのると勝ちです。

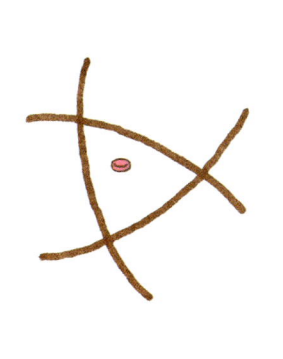

なめかた

泥めんこを立ててくるくる回して、回っているうちに手でかくします。

手の中のめんこが表を向いているか、裏を向いているかを当てます。

裏が「なめ」で表が「かた」です。

なんこ

手ににぎった泥めんこの数を当てる遊びです。

めんこの歴史

明治時代

紙めんこが登場したのは、日清戦争が起こった明治27年ころではないかと思われます。その背景には、ボール紙の生産が軌道に乗りはじめたことがあります。それ以前のめんこというと、めんこの語源にもなった泥(土)製の泥めんこと、鉛製の鉛めんこでした。

泥めんこは、江戸時代中期に誕生し、明治の中ごろまで遊ばれていたようですが、明治10年ころに日本最初の金属製の玩具として鉛めんこが登場すると、都市部ではあっという間に主役の座を奪われてしまいました。緻密な図柄、ずしっとくる重みから鉛めんこの人気は爆発的で、明治15年ころには大流行となり、都市部の子どもたちの人気を博しましたが、明治33年に、玩具に使われている鉛による幼児の中毒事故が多発し、そのため、有毒色素取締り令が発令され、鉛めんこも販売禁止・回収されます。

めんこ遊びの図(明治30年 宮川春汀画 著者所蔵)

紙めんこが登場してきた明治20年代末から30年代はじめのもの。この時期の子ども向けの玩具に赤色が基調として使われることが多いのは、天然痘よけのまじないであったといわれています。

(実物大)

突然お気に入りのおもちゃを奪われた子どもたちが、出回りはじめた紙めんこに飛びついたのは当然のことでしょう。明治37年ころには、全国的に大流行して、そのまま、大正期の第一次黄金時代に引き継がれていきました。

明治時代を象徴することばとして〔文明開化〕と〔富国強兵〕がありますが、紙めんこの登場した明治中期は、後者の色合いが強い世相でした。めんこの絵柄もこの風潮を反映して、神話や戦記の武将がほとんどで、ついで日清、日露戦争の軍人を扱ったものが人気を集めました。

紙めんこは、その誕生期からすでに機械刷りが行われていたようです。当初は、単色で線画を刷っただけのものでしたが、明治40年代に入ると、赤、ピンク、青などの色が手作業あるいは、木版刷りで彩色されるようになりました。

大正時代

大正時代は、めんこの第一次黄金時代であったといえます。紙めんこが、全国津津浦浦にまで浸透し、子どもたちの間で大ブームを起こしつづけたということだけでなく、絵柄においても、ほかに類を見ない華やかさがありました。

大正時代といえば、すぐに〔大正デモクラシー〕ということばが浮かびます。人々は次から次へと登場する新しいものに飛びつきました。映画(活動写真)、レコード、カメラ、ラジオ、デパート、ダンスホール、カフェ、パーマネント、野球、宝塚歌劇など、現在の市民生活に欠くことができないものが、数多く、この短い平和な時代に登場し、定着しています。めんこの図柄の華やかさも、この

ような時代を反映して、大正ロマンのにおいを伝えたものが多くありました。とはいうものの子どもたちにとっては、やはり軍人や武将の絵柄のめんこがいちばん人気がありました。

めんこの製造方法は、明治期と同じで、線画を印刷したものに手作業や木版刷りで彩色したものが主流でしたが、一部にカラー印刷のめんこも現れました。裏面に単色で絵や文字を刷り込んだめんこが登場したのもこの時代です。

大正時代のめんこ

裏面も印刷（単色）したためんこが登場するようになりました。（直径48ミリ）

表　　　裏

大正時代には活動写真が普及し、めんこの絵柄にも歴史上の武将に加えて時代劇スターが登場しました。

（68ミリ×41ミリ）　（68ミリ×45ミリ）　（68ミリ×45ミリ）

昭和時代（初期〜20年代）

<昭和初期>

昭和2年の金融恐慌や昭和4年の世界的大恐慌による深刻な経済不況、軍部の台頭、思想弾圧など暗い影を落としはじめたこの時期、子どもたちの生活はどうだったのでしょうか。

確かに軍国主義の影響は徐々に子どもたちの生活にも忍びよっていました。戦争ごっこもさかんに行われるようになり、めんこにも、軍人の階級や戦略で遊ぶものが増えてきました。しかし、子どもたちの生活が、すべて軍国主義的な風潮に直結していたわけではありません。少年雑誌では、夢あふれたまんがや、読み物が連載され、人気を集めていました。ちゃんばら映画はなによりの楽しみで、めんこにもたくさんの映画スターの顔が描かれています。このころには、めんこもそのほとんどが、機械によりカラー印刷で作られるようになっていました。

<戦前〜戦後>

昭和11年の2.26事件、昭和12年に始まった日中戦争、昭和16年からの太平洋戦争へと続く泥沼の時代——昭和13年の国家総動員法が発令され、国民は、生活のあらゆる面での国家施策への協力が義務づけられました。映画や出版など文化的なものはすべて厳しい検閲を受け、スポーツや音楽からは、敵性語という理由で英語が排除され、世の中が軍事色一色に塗りつぶされました。

10年代後半には、まんが本や雑誌類も休刊に追い込まれ、ベーゴマやめんこ、紙芝居なども、鉄や紙のむだ使い、愛国心の養成の役には立たないといった理由で禁止されるようになりました。許されたのは、戦争賛美の紙芝居や戦争の絵柄のめんこなど、戦争に直結したものだけでした。子どもの遊びの文化がいちばん切り捨てられた時代といえます。しかし、そのような中にあって戦争末期の集団疎開は、都会の遊びと地方の遊びの情報交換を実現し、戦後のめんこブームに与えた影響は大きいものがあると思います。

戦局が深まるにつれ、めんこの絵柄も時局を反映したものが大半になりました。（直径77ミリ）

<戦後>

長くつらい戦争は、昭和20年8月15日にようやく終わりました。敗戦を告げる天皇の声に人々は、言いようもない虚脱感を覚えました。そんな国民を待っていたのは、アメリカGHQによる占領政策と食料不足でした。GHQによる占領政策は、国民に180度の価値観の転換を求めるものでしたが、衣食住のすべての面で欠乏を窮めていた国民は、戦争への怒りと、供給される物質や新たに流れこんできた映画などの文化に垣間見え

昭和20年代のめんこシート
(280ミリ×65ミリ)

る富裕なアメリカへのあこがれから、これらを歓迎しました。

新しい秩序にすぐに溶け込み、明るさを取り戻したのは、子どもたちでした。いたるところにできた空き地からは、野球をする元気な声が響きました。子どもが子どもらしく生きられる時代が戻ってきました。

街頭紙芝居やまんが本など、失われていた娯楽も徐々に戻ってきました。めんこも、いちはやく復活した玩具のひとつです。もののない戦後にあっても、紙は比較的手に入りやすい安価な材料であり、しかも細工に手間がかかりませんでした。貧しかったこの時代、だれもが買える玩具は、めんこにつきました。昭和20年代も後半に入ると、都会、田舎を問わず日本全国に戦前にも負けないめんこブームが出現します。

ところで、この時期ほど、めんこの絵柄が世相を顕著に反映している時代はありません。そのひとつに、戦争や軍人のめんこはもちろんのこと、常に人気の高かった武将の絵柄のめんこがないことが挙げられます。これはGHQが、軍国主義的なもの、封建的忠義を連想させるものを規制していたためです。時代劇映画すらも禁止されました。逆に、アメリカ的なものは、おおいに奨励されました。

ジープやアメリカ兵、ディズニー映画のキャラクター、カウボーイやターザンなど。なかには、英単語を勉強できるめんこもあったほどです。また、愛と正義の心を育むために推奨された動物愛護の精神や勧善懲悪の日本民話は、めんこの絵柄にも用いられ、政策の一環として大量に出回りました。しかし、昭和27年、GHQが廃止されると復活した時代劇が人気を集め、武将の絵柄のめんこ、映画スターを描いためんこが登場し、再び主役の座に返り咲きました。

昭和30年時代〜平成時代

＜昭和30年代＞

昭和26年サンフランシスコ講和条約が調印され、日本はようやく独立国として国際社会に復帰し、経済復興も順調に進み、昭和31年には、経済白書の中で、『もはや戦後ではない』と言い切るまでに回復しました。

当時、電気洗濯機、電気冷蔵庫、テレビが次々と誕生し、『三種の神器』ともてはやされ、市民生活に大きな変革をもたらしました。なかでもテレビの誕生、普及は、子どもたちの生活に大きな影響を与えました。力道山、スーパーマン、赤銅鈴乃助、月光仮面、白馬童子……。テレビに次々と登場するヒーローに、子どもたちは、宿題も手につかないくらい熱中しました。また、当時は、テレビの影響をまだ受けていない映画と、貸本から週刊誌に舞台を移したまんがもちょうど黄金期を迎えており、さしずめ、これら三つが子どもたちの三種の神器であったようです。

原っぱや路地裏など遊ぶ場所も豊富にあり、放課後、塾に行く必要もなく、時間はたっぷりありました。駄菓子屋という子どもたちにとっての社交場もありました。ある意味で昭和30年代は、子どもたちがもっとも幸せな時代だったかもしれません。

めんこは、この時期戦後最大にして最後の黄金時代を迎えます。子どもたちの前には、すでに鉄やプラスチック、ビニールなどでで

太平洋戦争後、アメリカの文化の影響を受けた絵柄が多く登場しました。

ターザン
(直径124ミリ)

カウボーイ
(直径114ミリ)

裏側に英語の単語が印刷されているめんこ
(直径112ミリ)

(昭和20〜30年代)

きた多種多様な玩具が登場していましたが、安い値段で買えて、だれもが平等に遊ぶことができるめんこは、当時のほとんどすべての男の子が熱中しました。

＜昭和40年代＞

昭和40年代は、昭和45年の万国博覧会を境にして、30年代からの高度経済成長の波が続いた前半と、その高度経済成長のひずみがしだいに顕著になってくる後半のふたつに分かれます。

高度経済成長を経て、子どもたちの生活も変わりました。戦後のベビーブーム世代が大学入試を迎えたころから、受験戦争が激化し、多くの子どもたちが塾に通うようになりました。また土地開発によって、空き地や原っぱは姿を消し、道路のアスファルト化や交通戦争などにより、路地裏文化も消滅しました。遊び場をなくした子どもたちは、テレビや週刊誌化されたまんがに依存度を強めました。この時期、子どもたちの間で流行したものは、そのほとんどがテレビ、まんが雑誌を発信源としたものでした。

当然このことは、めんこの絵柄についても共通したことでした。それまで花形であった武将の絵柄はごく少数となり、その大半をテレビで放映されているアニメ番組や特撮番組の絵柄が占めるようになります。もっとも40年代も後半に入ると、めんこの存在自体、さして重要なものでなくなり、駄菓子屋とともに徐々にその姿を消しはじめます。

＜昭和50・60年代～平成時代＞

50年代に入ってめんこは、コンピュータゲームに追いやられるかのように急激に衰退していき、現在ではほとんど見ることがありません。30年代の黄金期には、300社ほどあった製造業者も次々と廃業し、今では2、3社を数えるのみです。ただ近年、学童保育の場などでは手作りめんこで遊ぶ子どもたちの姿も見られ、伝承遊びが世代を越えて受けつがれています。

めんこ史年表

	西暦	年号	
江戸時代	1716	享保元年	・享保年間(1716～1736)京都伏見で土人形の製法が確立、同時に泥めんこの製造もはじまる
	1867	慶応3年	・将軍徳川慶喜、大政奉還する
	1868	慶応4年(明治元年)	
明治時代	1870	明治3年	・子ども向けの赤本絵本、おもちゃ絵が発売される
	1874	明治7年	・洋紙の製造が始まる
	1877	明治10年	・このころ鉛めんこの製造始まる
	1880	明治13年	・鉛めんこが出回りはじめる
	1894	明治27年	・このころから紙めんこが作られはじめる
	1898	明治31年	・紙めんこが出回りだす
	1900	明治33年	・玩具による鉛毒事件が起こり、有毒色素取締り令が発令、鉛めんこ発売禁止・回収
	1904	明治37年	・紙めんこ、全国的に流行する
	1912	明治44年(大正元年)	
大正時代	1913	大正2年	・紙めんこ黄金時代を迎える
	1924	大正13年	・甲子園球場完成
	1925	大正14年	・阪東妻三郎の時代劇が大人気
	1926	大正15年(昭和元年)	
昭和時代	1930	昭和5年	・平絵式紙芝居誕生、『黄金バット』が大人気
	1931	昭和6年	・日本初のトーキー映画公開
	1938	昭和13年	・児童読み物に軍国色が強くなる
	1939	昭和14年	・第二次世界大戦始まる
	1944	昭和19年	・集団疎開始まる
	1945	昭和20年	・ポツダム宣言受諾／大相撲、国技館で復活
	1946	昭和21年	・プロ野球復活 子どもたちの野球熱が盛んに
	1948	昭和23年	・紙芝居大人気
	1958	昭和33年	・このころ戦後のめんこ黄金時代
	1963	昭和38年	・国産初のアニメとして『鉄腕アトム』登場
	1965	昭和40年	・テレビアニメの制作が盛んになる
平成	1989	昭和63年(平成元年)	

めんこのよび名

めんこは、地方によってさまざまな名まえでよばれていました。各都道府県における代表的なよび名を紹介します。

北海道……めんこ	千葉………パー、めんこ、ヤッペ	福井………ペッシン	兵庫………パッチン、めんこ	福岡………パッチン
青森………ピダ、ピーダン、ビタ	埼玉………めんこ	静岡………めんこ	岡山………パッチン	佐賀………ペチャ、パッチ
岩手………ベッタ	東京………めんこ	愛知………ペッチン	広島………パッチン、ペッチンコ	長崎………ウチオコシ、ペチャ
秋田………パッチ	神奈川……めんこ	岐阜………パンパン、シュッポン	鳥取………ゲンジ	大分………パッチン
宮城………パッタ	山梨………めんこ	三重………ケン、めんこ	島根………ペッタン	熊本………パンパン
山形………パッタ	新潟………パチ	滋賀………ケン	山口………パッチン	宮崎………パッチン
福島………パッチン	（佐渡……パッチン、パス）	京都………めんこ	香川………パッチン	鹿児島……カルタ、カッタ
群馬………めんこ	長野………パッチン	大阪………ベッタン	徳島………パッチン	（種子島……ベッタン）
栃木………パス、めんこ	富山………めんこ、パッチン	奈良………ベッタン	愛媛………パッチン、めんこ	沖縄………パッチ
茨城………パース	石川………ペッタ	和歌山……ケン	高知………パン	

あとがき

　めんこ研究に熱心な夫を手伝い、膨大なめんこと資料の整理等をしているうちに、明治、大正、昭和の絵柄が幼き時のふたりの兄との思い出と重なり、だんだんとめんこに興味がわきだしてきました。

　昨今の子どもたちには、コンピュータゲームなどに夢中で、大勢の友だちといっしょに外で遊ぶということが少なくなっているように感じていました。

　この『めんこ』の本が、子どもたちに新しい遊びの提案書としても見てもらえれば嬉しいなと、思いながら執筆させていただきました。

　幸いなことに、夫が20年前に執筆した「めんこぐらふぃてぃ」（現在絶版）があるので少なからず参考にさせてもらいました。

　こうして無事発刊のはこびとなりこれ以上嬉しいことはありません。多くの方々に資料、アドバイスをいただき感謝の念でいっぱいです。文溪堂・図書出版部の大場裕理さんにもご尽力頂きました。

　この本が消えゆく伝承遊び復活のお役にたち、更にめんこの輪が広がることを祈りつつ御礼の言葉にかえさせていただきます。

鷹家　碧（美登里）

1949年兵庫県生まれ。めんこ研究家／日本めんこ倶楽部会員。夫はめんこ研究家の鷹家春文氏。京都府京田辺市在住。

撮影 …………… 文溪フォトサービス
装丁・デザイン ….. DOMDOM
編集協力 ………… 大塚和子
イラスト ………… ありま　かよこ
協力 …………… 講談社
　　　　　　　　　さくらプロダクション
　　　　　　　　　小学館プロダクション
　　　　　　　　　手塚プロダクション
　　　　　　　　　日本アニメーション

　　　　　　　　　鷹家春文
　　　　　　　　　金刺伸吾（日本泥めんこの会 会長）
　　　　　　　　　三枝克之
　　　　　　　　　余田浩明
　　　　　　　　　榎本拓真／上岡一奈／藤田准平
　　　　　　　　　藤田壮也／矢野真一郎

■お願い

　掲載致しました写真・図版の著作権には十分に注意し編集致しましたが、一部著作権者が不明な作品もございます。お気づきの著作権者及びその継承者の方は、お手数ですが、弊社編集までご連絡くださいますようお願い申し上げます。

　また、めんこの中には、著作権者に無断でキャラクターを使用、あるいは模倣したと思われるものがかなりあります。しかし、現在めんこ製造業者のほとんどは廃業しており、その事実関係を確認することはできません。

　また一方、めんこの文化がそういった一部業者のキャラクターの盗用、模倣によって支えられてきた面があることも事実であり、これらの品々を抜きにめんこの歴史を語ることは不可能です。

　つきましては、著作権者の方々に、これらの掲載に対してのご理解を賜りたくお願い申し上げる次第です。

本書掲載のめんこは全て鷹家氏所蔵です。

めんこ MENKO

2008年3月　初版第1刷発行
2015年2月　　　第3刷発行

監修 …………… 日本めんこ倶楽部
文 ……………… 鷹家　碧
発行者 ………… 川元行雄
発行所 ………… 株式会社文溪堂
　　　　　　　　〒112-8635
　　　　　　　　東京都文京区大塚3-16-12
　　　　　　　　TEL：編集03-5976-1511
　　　　　　　　　　　営業03-5976-1515
　　　　　　　　ホームページ：http://www.bunkei.co.jp
印刷 …………… 凸版印刷株式会社
製本 …………… 小髙製本工業株式会社
ISBN978-4-89423-560-1／NDC798／32P／257mm×235mm

Ⓒ Midori Takaie
2008　Published by BUNKEIDO Co., Ltd. Tokyo, Japan.
PRINTED IN JAPAN

落丁本・乱丁本は送料小社負担でおとりかえいたします。
定価はカバーに表示してあります。